Adventures in Two Languages: Swedish-English

Teakle

Published by Teakle, 2023.

ADVENTURES IN TWO LANGUAGES: SWEDISH-ENGLISH

First edition. June 12, 2023.

ISBN: 979-8215548868

Written by Teakle.

Table of Contents

Introduction

———

Welcome to "Adventures in Two Languages," a delightful collection of 14 bilingual Swedish-English short stories designed to ignite the imagination and foster a love for language learning. In this enchanting book, young readers will embark on an extraordinary journey where Swedish and English intertwine, creating a vibrant tapestry of storytelling.

Languages have the power to transport us to new worlds, to connect us with people from different cultures, and to unlock the doors of understanding. In these pages, you will find a treasury of tales that embrace the joy of language, inviting readers to explore the beauty and nuances of both Swedish and English.

Each story is carefully crafted in parallel text format, presenting the narrative in both languages side by side. This unique approach encourages language learners, native speakers, and curious minds to immerse themselves in the rich tapestry of words, phrases, and expressions, enhancing language skills and promoting cross-cultural understanding.

From brave adventurers embarking on daring quests to imaginative animals navigating exciting challenges, the characters in these stories will captivate readers of all ages. Along the way, valuable life lessons are woven seamlessly into the fabric of each narrative, inspiring young minds to embrace curiosity, empathy, and the wonders of the world around them.

Whether read aloud at bedtime, shared with friends and family, or explored independently, "Adventures in Two Languages" provides a delightful platform for language learning and cultural exploration. It is a celebration of the diverse and interconnected world we live in, reminding us that every language carries its own magic and opens doors to new experiences.

So, prepare to embark on a bilingual odyssey that will spark your imagination, deepen your understanding of languages, and fill your heart with joy. Turn the pages, immerse yourself in the captivating stories, and let the magic of bilingual Swedish-English storytelling unfold before your eyes. Let the adventure begin!

Den busiga katten - The Mischievous Cat

Once upon a time in a small village, there lived a mischievous cat named Maja. Maja loved to play tricks on everyone in the village, from the baker to the mayor. One day, she decided to take her pranks to a whole new level.

En gång i tiden bodde det en busig katt vid namn Maja i en liten by. Maja älskade att spela spratt på alla i byn, från bagaren till borgmästaren. En dag bestämde hon sig för att ta sina bus på en helt ny nivå.

Maja sneaked into the bakery early in the morning and decided to switch the labels on all the bread. The baker was puzzled when the customers started complaining about the strange flavors of their loaves. He scratched his head and wondered how that could have happened.

Maja smög in i bageriet tidigt på morgonen och bestämde sig för att byta etiketterna på allt bröd. Bagaren blev förvirrad när kunderna började klaga över de konstiga smakerna i sina limpor. Han klia sig i huvudet och undrade hur det kunde ha hänt.

Next, Maja went to the mayor's office. She found the official documents and swapped them with pictures of silly animals. When the mayor entered the office for an important meeting, he was shocked to see pictures of monkeys and elephants instead of the important papers. The whole room burst into laughter!

Sedan gick Maja till borgmästarens kontor. Hon hittade de officiella dokumenten och bytte ut dem mot bilder på tokiga djur. När borgmästaren gick in på kontoret för ett viktigt möte blev han chockad av att se bilder på apor och elefanter istället för de viktiga papperen. Hela rummet brast ut i skratt!

The villagers started to suspect that Maja was behind all these pranks. They decided to set up a trap to catch her in the act. They placed a box with a sign that said, "Free treats for the mischievous cat!" Maja couldn't resist the temptation.

Byborna började misstänka att Maja låg bakom alla dessa bus. De bestämde sig för att sätta upp en fälla för att fånga henne på bar gärning. De placerade en låda med en skylt där det stod, "Gratis godsaker till den busiga katten!" Maja kunde inte motstå frestelsen.

As soon as Maja saw the sign, she jumped into the box, hoping to find delicious treats. But as soon as she stepped inside, the box closed, and she was trapped! The villagers gathered around, laughing and cheering for finally catching the mischievous cat.

Så snart Maja såg skylten, hoppade hon in i lådan i hopp om att hitta goda godsaker. Men så snart hon steg in stängdes lådan och hon blev fångad! Byborna samlades runt och skrattade och hejade för att de äntligen fångade den busiga katten.

Maja felt a little embarrassed but also relieved that her days of pranks were finally over. The villagers decided to forgive her and even threw a big party in her honor. Maja became the town's beloved cat, known for her mischievous adventures.

Maja kände sig lite generad men också lättad över att hennes dagar med bus äntligen var över. Byborna bestämde sig för att förlåta henne och anordnade till och med en stor fest till hennes ära. Maja blev byns älskade katt, känd för sina busiga äventyr.

From that day forward, Maja learned that it's better to use her mischievousness for fun and not to cause trouble. She became the village's entertainer, making everyone laugh with her playful tricks. And they all lived happily ever after.

Från den dagen lärde sig Maja att det är bättre att använda sin busighet för skoj och inte för att ställa till med trubbel. Hon blev byns underhållare och fick alla att skratta åt hennes lekfulla spratt. Och de levde lyckliga i alla sina dagar.

Den magiska skogen - The Magical Forest

Once upon a time, in a faraway land, there existed a magical forest called Trollskogen. The trees in Trollskogen were tall and mighty, with leaves that shimmered in all the colors of the rainbow. It was said that anyone who entered the forest would be granted one wish.

En gång i tiden, i ett avlägset land, fanns en magisk skog vid namn Trollskogen. Träden i Trollskogen var höga och mäktiga, med löv som skimrade i alla regnbågens färger. Det sades att den som gick in i skogen skulle få en önskning uppfylld.

In a nearby village, lived a curious young girl named Freja. She had heard the tales of Trollskogen and couldn't resist the temptation to explore the magical forest. One sunny morning, she set off on an adventure, determined to find the enchanted place.

I en närbelägen by bodde en nyfiken flicka vid namn Freja. Hon hade hört sagorna om Trollskogen och kunde inte motstå frestelsen att utforska den magiska skogen. En solig morgon gav hon sig av på ett äventyr, besluten att hitta den förtrollade platsen.

As Freja ventured deeper into the forest, she marveled at the glowing flowers and the playful whispers of the wind. Suddenly, a small, mischievous fairy named Lina appeared before her. Lina warned Freja that the forest was full of tricks and challenges.

När Freja vandrade djupare in i skogen beundrade hon de lysande blommorna och de lekfulla viskningarna från vinden. Plötsligt dök en liten busig fe vid namn Lina upp framför henne. Lina varnade Freja för att skogen var full av trick och utmaningar.

Undeterred, Freja pressed on, eager to make her wish. She came across a sparkling stream and had to solve a riddle to cross it. With her quick thinking, Freja answered correctly, and the stream transformed into a golden bridge, allowing her to continue her journey.

Obesviken fortsatte Freja, ivrig att få sin önskning uppfylld. Hon kom fram till en glittrande bäck och var tvungen att lösa en gåta för att kunna korsa den. Med sin snabba tanke förmådde Freja att svara rätt, och bäcken förvandlades till en gyllene bro som lät henne fortsätta sin resa.

Further ahead, Freja encountered a wise old owl perched on a branch. The owl challenged her to a game of memory, where she had to remember the order of the fireflies' flickering lights. Freja concentrated and successfully repeated the pattern, impressing the owl. In return, the owl shared a piece of valuable advice.

Längre fram mötte Freja en vis gammal uggla som satt på en gren. Ugglan utmanade henne i ett minnesspel, där hon skulle komma ihåg ordningen av lysande eldflugors ljus. Freja koncentrerade sig och upprepade framgångsrikt mönstret, imponerande ugglan. Som tack delade ugglan med sig av en värdefull råd.

After overcoming many more challenges, Freja reached the heart of Trollskogen. In the clearing, she found a magnificent tree, its branches filled with shimmering orbs. Freja closed her eyes, made her wish, and blew a kiss towards the tree. Instantly, the orbs scattered and transformed into a shower of twinkling stars.

Efter att ha övervunnit många fler utmaningar nådde Freja Trollskogens hjärta. I gläntan fann hon ett magnifikt träd, dess grenar fyllda med skimrande kulor. Freja blundade, önskade och blåste en kyss mot trädet. Omedelbart spred sig kolorna och förvandlades till ett regn av glittrande stjärnor.

Freja's wish had come true, and she felt a surge of joy and gratitude. As she made her way back through the forest, she couldn't help but feel a sense of wonder and enchantment. She knew that Trollskogen would always hold a special place in her heart.

Frejas önskning hade gått i uppfyllelse, och hon kände en våg av glädje och tacksamhet. När hon vandrade tillbaka genom skogen kunde hon inte låta bli att känna en känsla av förundran och förtrollning. Hon visste att Trollskogen alltid skulle ha en speciell plats i hennes hjärta.

And so, Freja returned to her village, sharing her magical adventure with everyone. The tales of Trollskogen spread far and wide, inspiring others to seek their own wishes within the mystical forest. And from that day forward, the forest was known as a place where dreams came true.

Och så återvände Freja till sin by och delade med sig av sitt magiska äventyr till alla. Sagan om Trollskogen spred sig vida omkring och inspirerade andra att söka sina egna önskningar inom den mystiska skogen. Och från den dagen kallades skogen för en plats där drömmar blev sanna.

Den lekfulla älgen - The Playful Moose

Deep in the heart of the Swedish forest, there lived a moose named Hugo. Hugo was not an ordinary moose; he was known for his playful nature and mischievous adventures. Every day, Hugo would roam the forest, looking for fun and excitement.

Långt inne i hjärtat av den svenska skogen bodde en älg vid namn Hugo. Hugo var ingen vanlig älg; han var känd för sin lekfulla natur och busiga äventyr. Varje dag skulle Hugo ströva runt i skogen och leta efter skoj och spänning.

One sunny morning, as Hugo explored a meadow, he noticed a group of squirrels playing tag. Hugo couldn't resist joining in the game. He sprinted after the squirrels, his antlers bobbing up and down, as they darted through the trees. The squirrels giggled with delight, knowing they had a new friend in Hugo.

En solig morgon, när Hugo utforskade en äng, märkte han en grupp ekorrar som lekte kurragömma. Hugo kunde inte motstå att vara med i leken. Han sprang efter ekorrarna, hans horn gungade upp och ned, medan de raskt sprang mellan träden. Ekorrarna fnissade av förtjusning, de visste att de hade fått en ny vän i Hugo.

As the days went by, Hugo's playful nature led him to many more adventures. He would hide behind bushes and surprise his forest friends, leaving them in fits of laughter. He would also organize races among the rabbits and help the birds build their nests. The forest was never boring with Hugo around!

När dagarna gick, ledde Hugos lekfulla natur honom till många fler äventyr. Han gömde sig bakom buskar och överraskade sina skogsvänner, vilket fick dem att skratta okontrollerbart. Han organiserade även tävlingar bland kaninerna och hjälpte fåglarna att bygga sina bon. Skogen blev aldrig tråkig med Hugo i närheten!

One day, while exploring a peaceful lake, Hugo noticed a family of ducks struggling to cross to the other side. Their feathers were wet and heavy, making it difficult for them to swim. Hugo came up with a clever idea. He gently placed the ducklings on his back and carefully carried them across the lake, their parents following closely behind.

En dag, när han utforskade en fridfull sjö, märkte Hugo en familj av änder som kämpade för att ta sig över till andra sidan. Deras fjädrar var våta och tunga, vilket gjorde det svårt för dem att simma. Hugo kom på en smart idé. Han placerade försiktigt ankungarna på sin rygg och bar dem noggrant över sjön, deras föräldrar följde tätt bakom.

News of Hugo's kind act spread throughout the forest, and all the animals admired his playful and caring nature. The foxes invited him to join their chase games, the rabbits sought his advice on finding the juiciest berries, and even the wise old owl sought his company for lively conversations.

Nyheten om Hugos goda handling spred sig genom skogen, och alla djur beundrade hans lekfulla och omtänksamma natur.

Rävarna bjöd in honom att vara med i deras jaglekar, kaninerna sökte hans råd om att hitta de saftigaste bären, och till och med den kloka gamla ugglan sökte hans sällskap för livliga samtal.

From that day forward, Hugo became the beloved guardian of the Swedish forest. He taught everyone the importance of playfulness, kindness, and embracing the joy of nature. The animals lived harmoniously, cherishing their playful moose friend, Hugo, and the adventures they shared in their enchanted home.

Från den dagen blev Hugo den älskade beskyddaren av den svenska skogen. Han lärde alla vikten av lekfullhet, vänlighet och att omfamna glädjen i naturen. Djuren levde i harmoni och värdesatte sin lekfulla älgvän, Hugo, och äventyren de delade i sitt förtrollade hem.

Den modiga lilla grodan - The Brave Little Frog

In a cozy pond nestled among the tall reeds, lived a small frog named Lily. Lily was no ordinary frog; she had a heart full of bravery and a spirit filled with adventure. While her fellow frog friends were content staying in the safety of the pond, Lily longed to explore the world beyond.

I en mysig damm inbäddad bland de höga vassen bodde en liten groda vid namn Lily. Lily var ingen vanlig groda; hon hade ett hjärta fyllt av mod och en själ fylld av äventyr. Medan hennes grodsvänner var nöjda med att stanna i dammens trygghet längtade Lily efter att utforska världen utanför.

One sunny morning, Lily made up her mind. She hopped onto a lily pad and proclaimed, "I will embark on a grand adventure!" With determination in her eyes, she set off, leaving the safety of the pond behind.

En solig morgon bestämde sig Lily. Hon hoppade upp på en näckrosblad och förkunnade: "Jag ska ge mig ut på ett storslaget äventyr!" Med beslutsamhet i blicken gav hon sig iväg och lämnade dammens trygghet bakom sig.

Her journey took her through meadows, forests, and across babbling brooks. Along the way, she encountered creatures of all shapes and sizes. Lily made friends with a wise old turtle who shared stories of *far-off lands and a playful butterfly who danced around her, filling the air with laughter.*

Hennes resa tog henne genom ängar, skogar och över pratsamma bäckar. På vägen mötte hon varelser i alla former och storlekar. Lily blev vän med en klok gammal sköldpadda som delade berättelser om avlägsna länder och en lekfull fjäril som dansade omkring henne och fyllde luften med skratt.

As the days turned into weeks, Lily faced challenges and overcame fears. She braved thunderstorms and climbed tall trees. Each obstacle she conquered only made her braver and more determined to explore.

Dagarna blev veckor och Lily stod inför utmaningar och övervann rädslor. Hon mötte åskoväder och klättrade i höga träd. Varje hinder hon besegrade gjorde henne bara modigare och mer beslutsam att utforska.

One moonlit night, as Lily sat atop a lily pad, gazing at the twinkling stars, she realized how far she had come. She missed her pond, her frog friends, and the familiar croaking sounds. Lily knew it was time to return home, but she would forever cherish the memories of her brave adventure.

En månbelyst natt, när Lily satt högst upp på ett näckrosblad och stirrade på de glittrande stjärnorna, insåg hon hur långt hon hade kommit. Hon saknade sin damm, sina grodvänner och de bekanta kväkande ljuden. Lily visste att det var dags att återvända hem, men hon skulle för alltid vårda minnena från sitt modiga äventyr.

With a leap and a bound, Lily returned to her pond, greeted by her friends who cheered for her bravery. She shared tales of her incredible journey, inspiring her fellow frogs to dream big and embrace the unknown.

Med ett hopp och ett skutt återvände Lily till sin damm, välkomnad av vänner som jublade över hennes mod. Hon delade berättelser om sin otroliga resa och inspirerade sina grodvänner att drömma stort och omfamna det okända.

From that day forward, Lily's bravery became legendary in the pond. The frogs looked up to her and sought her advice. And whenever a new adventure called, Lily would be the first to leap forward, ready to explore the world beyond the cozy pond once more.

Från den dagen blev Lilys mod legendarisk i dammen. Grodorna såg upp till henne och sökte hennes råd. Och när ett nytt äventyr lockade, skulle Lily vara den första att hoppa framåt, redo att utforska världen bortom den mysiga dammen en gång till.

Den magiska musikanten - The Magical Musician

In a small village nestled among rolling hills, there lived a young boy named Erik. Erik had a special gift—he could make beautiful music with just about anything he touched. Whether it was a wooden spoon, a tin can, or even a simple blade of grass, Erik could create enchanting melodies that touched the hearts of all who heard them.

I en liten by, gömd bland rullande kullar, bodde en ung pojke vid namn Erik. Erik hade en speciell gåva - han kunde skapa vacker musik med allt han rörde vid. Oavsett om det var en träsked, en plåtburk eller till och med ett enkelt grässtrå, kunde Erik skapa förtrollande melodier som berörde hjärtat hos alla som hörde dem.

Word of Erik's talent spread far and wide, and people traveled from distant lands to listen to his mesmerizing music. One day, a mysterious old woman arrived in the village. She had heard of Erik's extraordinary gift and came to see him perform.

Rykten om Eriks talang spred sig vida omkring, och människor reste från avlägsna länder för att lyssna till hans förtrollande musik. En dag anlände en mystisk gammal kvinna till byn. Hon hade hört talas om Eriks extraordinära gåva och kom för att se honom uppträda.

The old woman approached Erik with a glimmer in her eyes and said, "Young musician, your music has the power to heal hearts and mend souls. But there is a place where your melodies can truly work magic. It is the hidden valley beyond the mountains, where the ancient tree of harmony awaits your arrival."

Den gamla kvinnan närmande sig Erik med en glimt i ögonen och sa: "Unga musiker, din musik har kraften att läka hjärtan och laga själar. Men det finns en plats där dina melodier verkligen kan utföra magi. Det är den gömda dalen bortom bergen, där det uråldriga harmoniträdet väntar på din ankomst."

Intrigued and excited by the prospect of a new adventure, Erik bid farewell to his family and embarked on a journey to the hidden valley. Along the way, he encountered challenges and met new friends who were drawn to his music.

Förväntansfull och ivrig inför tanken på ett nytt äventyr, sa Erik farväl till sin familj och begav sig ut på en resa till den gömda dalen. På vägen mötte han utmaningar och träffade nya vänner som drogs till hans musik.

Finally, after days of travel, Erik reached the hidden valley. He stood in awe as he gazed upon the majestic ancient tree, its branches swaying in harmony with the breeze. With his heart filled with anticipation, Erik began to play his melodies, and the valley came alive with magic.

Till sist, efter flera dagars resa, nådde Erik den gömda dalen. Han stod häpna då han betraktade det mäktiga uråldriga trädet, dess grenar svajade i harmoni med vinden. Med hjärtat fyllt av förväntan började Erik spela sina melodier, och dalen fylldes av magi.

As Erik's music resonated through the valley, flowers bloomed in vibrant colors, animals danced joyfully, and the very air seemed to sparkle with enchantment. The power of music transformed the valley into a place of wonder and healing.

När Eriks musik ekade genom dalen blommade blommor i livfulla färger, djur dansade glädjefullt och luften verkade gnistra av förtrollning. Musikens kraft förvandlade dalen till en plats av under och läkning.

Touched by the beauty and harmony surrounding him, Erik knew that his journey had served a greater purpose. His music had brought happiness and solace to all who had encountered it. With a grateful heart, Erik bid farewell to the magical valley, carrying its spirit of music and wonder with him forever.

Berörd av skönheten och harmonin omkring honom visste Erik att hans resa hade tjänat ett större syfte. Hans musik hade fört glädje och tröst till alla som hade mött den. Med ett tacksamt hjärta sa Erik farväl till den magiska dalen och bar med sig dess ande av musik och förundran för alltid.

And so, Erik returned to his village, where he continued to share his extraordinary gift with his community. The melodies that flowed from his fingertips brought comfort, joy, and a touch of magic to the hearts of all who listened. Erik's music became a source of inspiration for generations to come, reminding them of the power of music to uplift and transform.

Och så återvände Erik till sin by, där han fortsatte att dela med sig av sin extraordinära gåva till sin gemenskap. Melodierna som flödade från hans fingertoppar gav tröst, glädje och en touch av magi till hjärtat hos alla som lyssnade. Eriks musik blev en inspirationskälla för kommande generationer och påminde dem om musikens kraft att lyfta och förvandla.

Den försvunna skatten - The Lost Treasure

<hr>

In a small coastal town lived three adventurous friends: Emma, Liam, and Maya. They were known for their love of exploring and their knack for discovering hidden treasures. One sunny afternoon, while playing near the beach, they stumbled upon an old, weathered map.

I en liten kuststad bodde tre äventyrslystna vänner: Emma, Liam och Maya. De var kända för sin kärlek till att utforska och deras förmåga att hitta gömda skatter. En solig eftermiddag, medan de lekte vid stranden, snubblade de över en gammal, väderbiten karta.

Excitement filled their eyes as they deciphered the clues on the map. It led them to an island shrouded in mystery, said to hold a long-lost treasure. Without a moment's hesitation, the friends agreed to embark on a thrilling quest to find the hidden riches.

Spänning fyllde deras ögon när de tydde ledtrådarna på kartan. Den ledde dem till en ö insvept i mystik, sägs det hålla en förlorad skatt gömd. Utan att tveka en sekund, kom vännerna överens om att ge sig ut på ett spännande uppdrag för att hitta de gömda rikedomarna.

They sailed across the sparkling blue sea, their hearts brimming with anticipation. As they reached the island, they found themselves in a dense jungle, filled with towering trees and exotic creatures. Undeterred by the challenges that lay ahead, they pressed on.

De seglade över det glittrande blå havet, deras hjärtan fyllda av förväntan. När de nådde ön, befann de sig i en tät djungel, fylld med höga träd och exotiska varelser. Obekymrade av de utmaningar som väntade framför dem, fortsatte de framåt.

They climbed steep cliffs, crossed treacherous bridges, and braved dark caves, following the map's clues with unwavering determination. Along the way, they encountered helpful island natives who shared stories and guided them deeper into the heart of the island.

De klättrade uppför branta klippor, korsade farliga broar och vågade sig in i mörka grottor, följande kartans ledtrådar med outtröttlig beslutsamhet. På vägen mötte de hjälpsamma öbor som delade berättelser och guidade dem djupare in i öns hjärta.

Finally, after days of exploration, they arrived at a hidden waterfall. The waterfall's cascading waters concealed a secret cave entrance. With bated breath, they stepped inside and gasped in awe at the sight before them—a glittering chamber filled with precious jewels, sparkling gold, and ancient artifacts.

Till sist, efter dagar av utforskning, nådde de en gömd vattenfall. Vattenfallets kaskaderande vatten dolde en hemlig grottingång. Med hållna andetag klev de in och gapade i vördnad över synen framför dem - en glittrande kammare fylld med värdefulla juveler, gnistrande guld och uråldriga artefakter.

Overwhelmed with joy, Emma, Liam, and Maya collected the treasure, careful not to disturb the harmony of the sacred place. They knew that the true value of the adventure lay not in the riches they had found, but in the bond they had forged and the memories they had created.

Överväldigade av glädje samlade Emma, Liam och Maya skatten, noga med att inte störa harmonin på denna heliga plats. De visste att den verkliga värdet av äventyret låg inte i de rikedomar de hade funnit, utan i bandet de hade smidit och minnena de hade skapat.

With the treasure safely in their possession, the friends made their way back to the coastal town. They shared their tales of bravery and discovery, inspiring others to pursue their own adventures. And from that day forward, the legend of the lost treasure lived on, reminding everyone that sometimes, the greatest treasures are not made of gold but are found in the joy of exploration and friendship.

Med skatten säkert i deras ägo begav sig vännerna tillbaka till kuststaden. De delade sina berättelser om mod och upptäckt, inspirerande andra att följa sina egna äventyr. Och från den dagen framåt, levde legenden om den förlorade skatten vidare och påminde alla om att ibland är de största skatterna inte gjorda av guld utan finns i glädjen av utforskning och vänskap.

Den magiska regnbågens gåva - The Gift of the Magical Rainbow

---

Once upon a time, in a picturesque village nestled in the heart of a lush forest, there lived a young girl named Freya. Freya had a deep love for nature and possessed a special connection with the animals that roamed the woods. But there was something extraordinary about Freya – she could see and communicate with magical creatures.

En gång i tiden, i en pittoresk by som låg gömd i hjärtat av en frodig skog, bodde en ung flicka vid namn Freja. Freja hade en djup kärlek till naturen och hade en speciell koppling till djuren som strövade i skogen. Men det var något extraordinärt med Freja - hon kunde se och kommunicera med magiska varelser.

One day, as Freya was walking through the forest, a brilliant rainbow appeared in the sky. But this was no ordinary rainbow; it shimmered with a magical glow. Curiosity filled Freya's heart as she followed the rainbow's trail, which led her deep into the heart of the forest.

En dag, när Freja vandrade genom skogen, dök en strålande regnbåge upp på himlen. Men detta var ingen vanlig regnbåge; den glimmade med en magisk glöd. Nyfikenhet fyllde Frejas hjärta när hon följde regnbågens spår, som ledde henne djupt in i skogens hjärta.

At the end of the rainbow, Freya discovered a hidden grove, bathed in ethereal light. In the center of the grove stood a majestic unicorn, its coat gleaming like moonlight. The unicorn introduced itself as Luna and spoke of a great task that only Freya could fulfill.

Vid slutet av regnbågen upptäckte Freja en gömd glänta, badad i ett överjordiskt ljus. I mitten av gläntan stod en majestätisk enhörning, dess päls glimmande som månsken. Enhörningen presenterade sig som Luna och talade om en stor uppgift som bara Freja kunde utföra.

"Luna," said Freya, "what is this task you speak of?"

"Luna," sa Freja, "vad är denna uppgift du talar om?"

Luna explained that the magical creatures of the forest were losing their ability to bring forth the enchantment of the woods. The vibrant colors were fading, the songs of the birds were growing faint, and the once-merry laughter of the fairies had become silent. Freya's pure heart and deep connection with nature made her the chosen one to restore the balance.

Luna förklarade att de magiska varelserna i skogen höll på att förlora sin förmåga att frambringa förtrollningen i skogen. De levande färgerna bleknade, fåglarnas sånger blev svaga, och de en gång glada feernas skratt hade blivit tysta. Frejas rena hjärta och djupa koppling till naturen gjorde henne till den utvalda som skulle återställa balansen.

Filled with determination, Freya set out on a journey through the forest, seeking the key to reignite the magic. Along the way, she encountered talking animals, wise old trees, and mischievous sprites, all offering guidance and sharing their wisdom.

Fylld av beslutsamhet begav sig Freja ut på en resa genom skogen, sökande nyckeln till att återuppliva magin. På vägen mötte hon talande djur, kloka gamla träd och busiga vättar, som alla erbjöd vägledning och delade med sig av sin visdom.

After days of exploration, Freya reached a hidden waterfall, where she discovered a rare flower that only bloomed once every hundred years. The flower, known as the Heart of the Forest, held the power to restore the magic of the woods. Freya carefully plucked the flower, its petals glowing with vibrant colors.

Efter dagar av utforskning nådde Freja ett gömt vattenfall, där hon upptäckte en sällsynt blomma som bara blommade en gång varje hundra år. Blomman, känd som Skogens hjärta, hade kraften att återställa skogens magi. Freja plockade varsamt blomman, dess blad strålande i levande färger.

With the Heart of the Forest in her hands, Freya returned to the hidden grove. She placed the flower in a sacred clearing and watched as its magic spread throughout the forest. The colors grew more vibrant, the melodies of the birds filled the air, and laughter echoed once again among the trees.

Med Skogens hjärta i sina händer återvände Freja till den gömda gläntan. Hon placerade blomman i en helig plats och såg hur dess magi spred sig genom skogen. Färgerna blev mer levande, fåglarnas melodier fyllde luften, och skratt ekade återigen bland träden.

The magical creatures rejoiced, gathering around Freya with gratitude and admiration. They thanked her for her selflessness and for bringing back the wonder of the forest. From that day forward, Freya became the guardian of the woods, protecting its magic and ensuring harmony for generations to come.

De magiska varelserna jublade, samlades runt Freja med tacksamhet och beundran. De tackade henne för hennes osjälviskhet och för att ha återfört skogens under. Från den dagen blev Freja skogens beskyddare, skyddande dess magi och säkerställande harmoni för kommande generationer.

And so, Freya and the magical creatures lived in harmony, sharing the beauty and enchantment of the forest with all who crossed their path. The gift of the magical rainbow had not only transformed Freya's life but had also brought light and wonder to the world.

Och så levde Freja och de magiska varelserna i harmoni, delade skogens skönhet och förtrollning med alla som korsade deras väg. Gåvan från den magiska regnbågen hade inte bara förvandlat Frejas liv, utan hade också bringat ljus och förundran till världen.

Den Lilla Stjärnans Önskan - The Little Star's Wish

Once upon a time, in a distant corner of the universe, there was a little star named Stella. She lived among the vastness of space, surrounded by her fellow stars, but she always felt a sense of loneliness. Stella had a secret wish – she longed to visit the beautiful blue planet known as Earth.

En gång i tiden, i ett avlägset hörn av universum, fanns en liten stjärna vid namn Stella. Hon levde bland rymdens oändlighet, omgiven av sina medstjärnor, men hon kände alltid en känsla av ensamhet. Stella hade en hemlig önskan - hon längtade efter att besöka den vackra blåa planeten som kallas Jorden.

Every night, Stella would twinkle and shine, hoping that her light would catch the attention of someone on Earth. She wanted to bring joy and wonder to the people below, just as they brought her comfort and inspiration.

Varje natt skulle Stella blinka och lysa, i hopp om att hennes ljus skulle få någons uppmärksamhet på Jorden. Hon ville föra glädje och förundran till människorna nedanför, precis som de förde henne tröst och inspiration.

One night, as Stella shimmered brightly, a young girl named Mia gazed up at the night sky. Mia was a dreamer, always looking for magic and beauty in the world. When she noticed Stella's radiant glow, she made a wish upon a shooting star.

En natt, när Stella skimmrade klart, stirrade en ung flicka vid namn Mia upp mot natthimlen. Mia var en drömmare, alltid på jakt efter magi och skönhet i världen. När hon såg Stellas strålande glans, önskade hon på en stjärnfall.

To her surprise, Stella heard Mia's wish. Filled with hope and excitement, Stella began to plan her journey to Earth. She sought the guidance of the older and wiser stars, who shared their wisdom and taught her how to navigate the vast cosmos.

Till sin förvåning hörde Stella Mias önskan. Fylld av hopp och spänning började Stella planera sin resa till Jorden. Hon sökte vägledning från de äldre och klokare stjärnorna, som delade med sig av sin visdom och lärde henne att navigera i det stora kosmos.

With their blessings, Stella set off on her grand adventure. She traveled through galaxies, past planets and moons, fueled by the desire to fulfill Mia's wish and bring happiness to her life.

Med deras välsignelse begav sig Stella iväg på sitt stora äventyr. Hon färdades genom galaxer, förbi planeter och månar, drivs av önskan att uppfylla Mias önskan och bringa lycka till hennes liv.

Finally, after a long journey, Stella arrived on Earth. She descended as a beautiful meteor shower, capturing the awe and wonder of all who witnessed her arrival. Mia, looking up at the sky, recognized Stella's dazzling light.

Till slut, efter en lång resa, anlände Stella till Jorden. Hon störtade ner som ett vackert meteorregn och fångade allas förundran och förvåning över sin ankomst. Mia, som tittade upp mot himlen, kände igen Stellas bländande ljus.

From that day forward, Mia and Stella became the best of friends. Stella would visit Mia every night, casting a gentle glow upon her dreams. Mia shared her stories and adventures with Stella, making sure to cherish every moment they spent together.

Från den dagen och framåt blev Mia och Stella de bästa av vänner. Stella skulle besöka Mia varje natt och kasta en mjuk glans över hennes drömmar. Mia delade sina berättelser och äventyr med Stella och såg till att uppskatta varje stund de tillbringade tillsammans.

Stella's presence brought magic into Mia's life, reminding her that dreams can come true and that friendship knows no boundaries. And in return, Mia's love and appreciation filled Stella's heart with a warmth that she had never felt before.

Stellas närvaro förde magi in i Mias liv och påminde henne om att drömmar kan bli verklighet och att vänskap inte känner några gränser. Och som tack fyllde Mias kärlek och uppskattning Stellas hjärta med en värme som hon aldrig hade känt förut.

And so, together, Mia and Stella continued to illuminate the night sky, spreading love, hope, and joy to all who looked up and believed in the power of dreams.

Och så fortsatte Mia och Stella tillsammans att lysa upp natthimlen, sprida kärlek, hopp och glädje till alla som tittade upp och trodde på drömmars kraft.

Den Magiska Musikan - The Magical Music

In a small village nestled in the rolling hills, there lived a young boy named Erik. Erik had always been captivated by music. He would spend hours listening to the sounds of nature, the rustling leaves, and the chirping birds. But what Erik loved most was the music that flowed from his own fingertips when he played the piano.

I en liten by som låg gömd i de böljande kullarna bodde en ung pojke vid namn Erik. Erik hade alltid varit fängslad av musik. Han tillbringade timmar med att lyssna på ljuden från naturen, det prasslande löven och fåglarnas kvittrande. Men det Erik älskade mest var musiken som flödade från hans egna fingertoppar när han spelade piano.

One sunny day, Erik stumbled upon an old, dusty book in his grandfather's attic. It was filled with sheet music that he had never seen before. Curiosity sparked within him, and he decided to try playing one of the mysterious compositions.

En solig dag snubblade Erik över en gammal, dammig bok i sin farfars vind. Den var fylld med noter som han aldrig hade sett förut. Nyfikenhet väcktes inom honom, och han bestämde sig för att försöka spela en av de mystiska kompositionerna.

As Erik's fingers danced across the keys, a magical transformation occurred. The music came alive, swirling around him like a vibrant symphony. The room was filled with enchanting melodies, and Erik found himself transported to a whimsical world where music was the language of everything.

När Eriks fingrar dansade över tangenterna skedde en magisk förvandling. Musiken väcktes till liv och virvlade runt honom som en färgstark symfoni. Rummet fylldes av förtrollande melodier, och Erik befann sig plötsligt i en fantasifull värld där musik var alltings språk.

In this magical realm, Erik encountered musical creatures, each representing a different instrument. There was Melody, a graceful violinist; Rhythm, a lively drummer; Harmony, a gentle cellist; and many others. They welcomed Erik with open arms and invited him to join their orchestra.

I denna magiska värld mötte Erik musikaliska varelser, var och en representerade av ett olika instrument. Där fanns Melodi, en graciös violinist; Rytm, en livlig trumslagare; Harmoni, en mild cellist; och många fler. De välkomnade Erik med öppna armar och bjöd in honom att ansluta sig till deras orkester.

Under the guidance of the musical creatures, Erik learned to harmonize his piano playing with the other instruments. Together, they created symphonies that echoed through the enchanted land, filling hearts with joy and wonder. The power of their collective music brought harmony to the world around them.

Under ledning av de musikaliska varelserna lärde sig Erik att samspela med sitt pianospel och de andra instrumenten. Tillsammans skapade de symfonier som ekade genom den förtrollade världen och fyllde hjärtan med glädje och förundran.

Kraften i deras gemensamma musik förde harmoni till världen omkring dem.

As time passed, Erik grew into a skilled and renowned musician. He brought the magic of music back to his village, organizing concerts and inspiring others to follow their musical passions. The melodies that once flowed only from Erik's fingertips now resounded in the hearts of many.

Med tiden blev Erik en skicklig och berömd musiker. Han förde tillbaka musikens magi till sin by genom att arrangera konserter och inspirera andra att följa sina musikaliska passioner. Melodierna som en gång bara flödade från Eriks fingertoppar ekade nu i mångas hjärtan.

And so, the village became a place filled with harmony, where the language of music united people from all walks of life. Erik's journey had taught him that music had the power to heal, to uplift spirits, and to bring communities together in the most magical way.

Och så blev byn en plats fylld med harmoni, där musikens språk förenade människor från alla samhällsskikt. Eriks resa hade lärt honom att musik hade kraften att läka, att lyfta själar och att förena samhällen på det mest magiska sättet.

Den Modiga Utforskaren - The Brave Explorer

In the heart of a dense jungle, there lived a curious and adventurous young girl named Maya. She had always dreamt of exploring the world beyond the thick foliage that surrounded her village. Maya was determined to uncover the secrets hidden deep within the jungle's mysterious depths.

I djungelns hjärta bodde en nyfiken och äventyrslysten ung flicka vid namn Maya. Hon hade alltid drömt om att utforska världen bortom den täta växtligheten som omgav hennes by. Maya var fast besluten att avslöja de hemligheter som dolde sig djupt inne i djungelns mystiska djup.

Equipped with a sturdy backpack and a sense of wonder, Maya set off on her expedition. She navigated through thick vines, treacherous paths, and encountered various exotic creatures along the way. With each step, her excitement grew, fueled by the anticipation of the unknown.

Utrustad med en stadig ryggsäck och en känsla av förundran begav sig Maya iväg på sin expedition. Hon navigerade genom tjocka lianer, farliga stigar och stötte på olika exotiska varelser längs vägen. Med varje steg växte hennes spänning, drivet av förväntan inför det okända.

As Maya delved deeper into the jungle, she stumbled upon a hidden waterfall cascading down the rocks. Its clear, sparkling water mesmerized her. Maya couldn't resist the temptation to take a refreshing dip in the pool beneath the waterfall.

När Maya trängde djupare in i djungeln snubblade hon över ett gömt vattenfall som forsade nerför klipporna. Det klara, gnistrande vattnet förtrollade henne. Maya kunde inte motstå frestelsen att ta ett uppfriskande dopp i poolen nedanför vattenfallet.

Little did Maya know that this magical waterfall held a secret. As she swam, her body began to shimmer and transform. She sprouted beautiful, iridescent wings, becoming a radiant butterfly. Maya had unlocked the hidden power of the waterfall, granting her the ability to soar through the jungle.

Lite visste Maya att detta magiska vattenfall dolde en hemlighet. När hon simmade började hennes kropp glimma och förvandlas. Hon fick vackra, glänsande vingar och blev en strålande fjäril. Maya hade låst upp vattenfallets gömda kraft, vilket gav henne förmågan att sväva genom djungeln.

With her newfound wings, Maya explored the depths of the jungle from above, witnessing breathtaking sights and encountering magnificent creatures that dwelled high in the treetops. She formed friendships with colorful birds, mischievous monkeys, and wise old owls, who guided her through the lush foliage.

Med sina nyfunna vingar utforskade Maya djungelns djup från ovan, bevittnade hisnande vyer och stötte på magnifika varelser som bodde högt uppe i trädkronorna. Hon bildade vänskaper med färgglada fåglar, busiga apor och visdomsfulla gamar, som guidade henne genom den frodiga växtligheten.

Maya's courage and determination inspired the villagers back home. They eagerly awaited her return, eager to hear tales of her incredible adventures and the wonders she had discovered in the jungle. Maya had become a hero in their eyes, a symbol of bravery and the power of exploration.

Mayas mod och beslutsamhet inspirerade byborna. De längtade ivrigt efter att få höra hennes berättelser om de otroliga äventyren och de underverk hon hade upptäckt i djungeln. Maya hade blivit en hjälte i deras ögon, en symbol för mod och utforskningens kraft.

And so, Maya continued her explorations, delving into the unknown, uncovering ancient ruins, and preserving the natural beauty of the jungle. Her love for adventure and her deep respect for nature guided her every step, ensuring that her legacy as the brave explorer would live on for generations to come.

Och så fortsatte Maya sina utforskningar, trängde in i det okända, avslöjade uråldriga ruiner och bevarade djungelns naturliga skönhet. Hennes kärlek till äventyr och djup respekt för naturen styrde hennes varje steg och säkerställde att hennes arv som den modiga upptäckaren skulle leva vidare i generationer.

Den Lilla Trädgårdsmästaren - The Little Gardener

———

In a small town, nestled between rolling hills and lush green meadows, there lived a young girl named Lily. Lily had a special bond with nature and a deep love for plants and flowers. Her dream was to become a skilled gardener and create a magical garden that would bring joy to everyone who visited.

I en liten stad, inbäddad mellan böljande kullar och frodiga gröna ängar, bodde en ung flicka vid namn Lily. Lily hade en speciell koppling till naturen och en djup kärlek till växter och blommor. Hennes dröm var att bli en skicklig trädgårdsmästare och skapa en magisk trädgård som skulle sprida glädje till alla som besökte den.

Every day, Lily would spend hours tending to her small garden in the backyard. She carefully planted seeds, watered the soil, and watched as her plants grew taller and stronger. Lily believed that every plant had its own personality, and she would talk to them, encouraging them to thrive.

Varje dag tillbringade Lily timmar med att sköta om sin lilla trädgård i bakgården. Hon planterade frön noggrant, vattnade jorden och betraktade hur hennes växter växte sig högre och starkare. Lily trodde att varje växt hade sin egen personlighet, och hon talade med dem och uppmuntrade dem att blomstra.

One sunny morning, Lily noticed a tiny, withered plant in a corner of her garden. It looked sad and neglected. Lily felt a pang of sympathy and decided to give it extra care and attention. She gently removed the weeds surrounding it, provided nourishing soil, and showered it with love.

En solig morgon märkte Lily en liten, vissen växt i ett hörn av sin trädgård. Den såg ledsen och försummad ut. Lily kände medlidande och bestämde sig för att ge den extra omsorg och uppmärksamhet. Hon tog försiktigt bort ogräset runt den, tillhandahöll närande jord och öste kärlek över den.

Days turned into weeks, and Lily's tender care worked its magic. The little plant began to revive, stretching its leaves toward the warm sun. Lily named it Hope, for it symbolized the power of nurturing and the resilience of nature.

Dagar förvandlades till veckor, och Lilys ömma vård verkade magiskt. Den lilla växten började återhämta sig och sträckte ut sina blad mot den varma solen. Lily gav den namnet Hopp, för den symboliserade kraften i att vårda och naturens uthållighet.

News of Lily's extraordinary gardening skills and her miraculous transformation of the withered plant spread throughout the town. People flocked to see Lily's garden, amazed by the beauty and vibrancy that bloomed under her care.

Rykten om Lilys extraordinära trädgårdsskicklighet och hennes mirakulösa förvandling av den vissna växten spred sig genom hela staden. Folk strömmade för att se Lilys trädgård och var förbluffade över den skönhet och livlighet som blommade under hennes omsorg.

Inspired by Lily's passion, the townspeople started their own gardens, transforming neglected spaces into blossoming sanctuaries. Lily became a mentor, sharing her knowledge and guiding others on their gardening journeys.

Inspirerade av Lilys passion började stadens invånare sina egna trädgårdar och förvandlade försummade platser till blomstrande tillflyktsorter. Lily blev en mentor och delade med sig av sin kunskap och vägledde andra på deras trädgårdsresor.

Years passed, and Lily's dream of creating a magical garden came true. The town's gardens bloomed with an array of colors and fragrances, enchanting all who visited. Lily's garden became a symbol of hope, reminding everyone of the beauty that could emerge from even the most forgotten corners.

År gick och Lilys dröm om att skapa en magisk trädgård blev sann. Stadens trädgårdar blommade i olika färger och dofter, förtrollande alla som besökte dem. Lilys trädgård blev en symbol för hopp och påminde alla om den skönhet som kan uppstå även från de mest bortglömda hörnen.

And so, Lily, the little gardener, continued to nurture her garden and inspire others with her love for nature. Her legacy lived on, encouraging people to find joy in the simple act of planting a seed and witnessing the miracle of life unfolding.

Och så fortsatte Lily, den lilla trädgårdsmästaren, att vårda sin trädgård och inspirera andra med sin kärlek till naturen. Hennes arv levde vidare och uppmuntrade människor att finna glädje i den enkla handlingen att plantera ett frö och bevittna miraklet av livets uppenbarelse.

Den Modiga Lilla Fisken - The Brave Little Fish

In the sparkling blue ocean, among coral reefs and swaying seaweed, there lived a small and curious fish named Finn. Finn had big dreams of exploring the vast ocean beyond his cozy home. He yearned to see the colorful fish, majestic creatures, and hidden treasures that lay in the unknown depths.

I det gnistrande blå havet, bland korallrev och svajande sjögräs, bodde en liten nyfiken fisk vid namn Finn. Finn hade stora drömmar om att utforska det vidsträckta havet bortom sitt mysiga hem. Han längtade efter att få se de färgglada fiskarna, majestätiska varelserna och gömda skatter som fanns i de okända djupen.

One sunny morning, Finn gathered his courage and swam away from the safety of his reef. He ventured deeper into the ocean, mesmerized by the beauty that surrounded him. But as he swam farther, he encountered a school of intimidating sharks blocking his path.

En solig morgon samlade Finn mod och simmade bort från sitt revs trygghet. Han vågade sig djupare ner i havet och förtrollades av den skönhet som omgav honom. Men ju längre han simmade, desto mötte han en skola av skrämmande hajar som blockerade hans väg.

Finn's heart raced with fear, but he refused to give up. He remembered the tales of bravery his parents had told him and summoned his inner courage. With a deep breath, Finn swam fearlessly through the maze of sharks, relying on his speed and agility to navigate the treacherous waters.

Finns hjärta bultade av rädsla, men han vägrade ge upp. Han kom ihåg de berättelser om mod som hans föräldrar hade berättat för honom och väckte sitt inre mod till liv. Med ett djupt andetag simmade Finn modigt genom hajarnas labyrint, förlitande sig på sin snabbhet och smidighet för att navigera genom de farliga vattnen.

As Finn emerged on the other side, he found himself in a breathtaking underwater world filled with vibrant coral and dazzling schools of fish. His eyes widened with wonder, and a sense of accomplishment filled his tiny heart. Finn realized that sometimes, the greatest treasures awaited those who dared to take risks.

När Finn kom ut på andra sidan fann han sig själv i en häpnadsväckande undervattensvärld fylld med färgstark korall och lysande fiskstim. Hans ögon vidgades av förundran och en känsla av prestation fyllde hans lilla hjärta. Finn insåg att ibland väntade de största skatterna på dem som vågade ta risker.

Word of Finn's bravery spread throughout the ocean, inspiring other fish to follow their dreams and explore beyond their comfort zones. Finn became a hero among his peers, teaching them the importance of facing fears and embracing new experiences.

Ryktet om Finns mod spred sig genom havet och inspirerade andra fiskar att följa sina drömmar och utforska bortom sin trygghetszon. Finn blev en hjälte bland sina kamrater och lärde dem vikten av att möta rädslor och omfamna nya upplevelser.

From that day forward, Finn continued his adventurous journeys, discovering hidden treasures, befriending unique sea creatures, and spreading courage wherever he went. He showed the world that even the smallest fish could make a big splash in the vast ocean of possibilities.

Från den dagen fortsatte Finn sina äventyrliga resor, upptäckte gömda skatter, knöt vänskaper med unika havsvarelser och spred mod vart han än gick. Han visade världen att även den minsta fisken kunde göra stor påverkan i det vidsträckta havet av möjligheter.

Den Försvunna Skatten - The Lost Treasure

―――

Deep in the heart of a dense and mysterious forest, there was a hidden treasure waiting to be discovered. Legends spoke of its immense value and the magical powers it possessed. Many had tried to find it, but none had succeeded. Among those intrigued by the treasure was a young adventurer named Mia.

Långt inne i hjärtat av en tät och mystisk skog fanns en gömd skatt som väntade på att upptäckas. Legender talade om dess enorma värde och de magiska krafter den ägde. Många hade försökt hitta den, men ingen hade lyckats. Bland dem som var fascinerade av skatten fanns en ung äventyrare vid namn Mia.

With her trusty map in hand, Mia embarked on a thrilling quest to find the lost treasure. She ventured through dense thickets, climbed towering trees, and crossed bubbling streams. Along the way, she encountered mischievous forest creatures that tried to distract her from her mission, but Mia remained focused.

Med sin pålitliga karta i handen gav sig Mia ut på ett spännande uppdrag för att hitta den förlorade skatten. Hon vågade sig igenom tät buskage, klättrade uppför ståtliga träd och korsade porlande strömmar. På vägen stötte hon på busiga skogsvarelser som försökte distrahera henne från sitt uppdrag, men Mia förblev fokuserad.

After days of exploration, Mia stumbled upon a hidden cave nestled beneath a cascading waterfall. Excitement coursed through her veins as she cautiously entered the dark, mysterious cavern. Guided by the glow of her lantern, she navigated through winding tunnels until she reached a magnificent chamber.

Efter flera dagars utforskning stötte Mia på en gömd grotta gömd under ett porlande vattenfall. Spänningen flödade genom hennes ådror när hon försiktigt gick in i den mörka, mystiska grottan. Guidad av sin lykts sken navigerade hon genom slingrande tunnlar tills hon nådde en magnifik sal.

In the center of the chamber, Mia's eyes widened in awe. There, resting on a golden pedestal, was the long-lost treasure. It shimmered with a brilliance that surpassed her wildest dreams. Mia approached it with reverence, understanding the significance of this moment.

I salens mitt vidgades Mias ögon av förundran. Där, vilar på en gyllene piedestal, fanns den länge förlorade skatten. Den glimmade med en glans som överträffade hennes vildaste drömmar. Mia närmade sig den med vördnad och förstod betydelsen av denna stund.

But the treasure was not meant for Mia to keep. It held immense power, and she knew it belonged to the world. With a selfless heart, Mia made a vow to protect and share its magic with those who needed it most. She carefully carried the treasure back to her village, where its enchanting qualities brought joy and healing to all.

Men skatten var inte menad för att Mia skulle behålla. Den bar på en enorm kraft, och hon visste att den tillhörde världen. Med ett osjälviskt hjärta avlade Mia ett löfte att skydda och dela dess magi med dem som behövde det mest. Hon bar försiktigt skatten tillbaka till sin by, där dess förtrollande egenskaper skänkte glädje och läkning åt alla.

From that day forward, Mia became known as the guardian of the lost treasure. She shared its magic, bringing hope and wonder to those who sought it. Her journey taught her that true treasures are not measured in gold or gems but in the kindness and compassion we show to others.

Från den dagen blev Mia känd som väktaren av den förlorade skatten. Hon delade dess magi och förde hopp och förundran till dem som sökte den. Hennes resa lärde henne att sanna skatter inte mäts i guld eller ädelstenar, utan i den vänlighet och medkänsla vi visar mot andra.

Den magiska trädgården - The Magical Garden

Once upon a time, in a small village nestled among rolling hills, there was a magical garden.

Det var en gång, i en liten by som gömde sig bland böljande kullar, en magisk trädgård.

In this garden, flowers bloomed in vibrant colors, trees whispered secrets, and butterflies danced in the gentle breeze.

I denna trädgård blommade blommor i livfulla färger, träd viskade hemligheter, och fjärilar dansade i den milda brisen.

Among the villagers, there was a young girl named Sofia, who had heard tales of the garden's enchantment.

Bland byborna fanns en ung flicka vid namn Sofia, som hade hört sagor om trädgårdens förtrollning.

One sunny morning, Sofia decided to seek out the garden for herself. She followed a winding path that led her through thickets and across babbling brooks.

En solig morgon bestämde sig Sofia för att söka upp trädgården själv. Hon följde en slingrande stig som ledde henne genom snår och över porlande bäckar.

As Sofia stepped into the magical garden, a sense of wonder washed over her. She marveled at the flowers, their petals soft as silk, and their fragrance filling the air.

När Sofia kliver in i den magiska trädgården sköljer en känsla av förtjusning över henne. Hon förundras över blommorna, deras kronblad mjuka som silke, och deras doft fyller luften.

In the center of the garden stood a majestic oak tree, its branches stretching toward the sky. Sofia approached the tree and placed her hand on its trunk.

I trädgårdens mitt stod ett majestätiskt ekträd, vars grenar sträckte sig mot himlen. Sofia närmade sig trädet och lade sin hand mot stammen.

To her amazement, the tree began to shimmer and glow. A voice, gentle and melodic, whispered from its branches.

Till hennes förvåning började trädet glimma och lysa. En röst, mild och melodisk, viskade från dess grenar.

"Sofia, you have found the heart of the garden," the voice said. "This magical place holds the power to grant your deepest wishes."

”Sofia, du har funnit trädgårdens hjärta,” sade rösten. ”Detta magiska ställe har kraften att uppfylla dina innersta önskningar.”

Overwhelmed with joy, Sofia closed her eyes and made a wish from her heart. As she opened her eyes, she found herself surrounded by her dearest friends and family, their smiles reflecting the happiness she felt within.

Överväldigad av glädje stängde Sofia sina ögon och önskade från sitt hjärta. När hon öppnade ögonen befann hon sig omgiven av sina käraste vänner och familj, deras leenden speglade den lycka hon kände inom sig.

From that day forward, Sofia treasured the magical garden and its ability to bring joy and love into her life. She shared its wonders with others, spreading the enchantment far and wide.

Från den dagen värdesatte Sofia den magiska trädgården och dess förmåga att ge glädje och kärlek i hennes liv. Hon delade dess under med andra och spred förtrollningen långt och brett.

And so, the village embraced the magic of the garden, cherishing its beauty and the bonds it created.

Och så omfamnade byn trädgårdens magi, värdesatte dess skönhet och de band den skapade.

To this day, the magical garden remains a place of wonder and dreams, reminding all who enter of the power of nature's enchantment.

Ännu idag förblir den magiska trädgården en plats för undran och drömmar, som påminner alla som beträder den om kraften i naturens förtrollning.

Conclusion

As we come to the end of "Adventures in Two Languages," we hope that this bilingual journey has sparked a sense of wonder, ignited a passion for Swedish language learning, and created lasting memories. In these stories, we have explored the power of words, the beauty of cultural diversity, and the joy of storytelling.

Language is not merely a tool for communication; it is a gateway to new worlds, a bridge that connects us across borders and cultures. Through the parallel text format, we have witnessed the magic of two languages intertwining, offering readers the opportunity to compare, learn, and appreciate the nuances of both Swedish and English.

We have accompanied brave characters on daring quests, learned valuable lessons from mischievous animals, and celebrated the triumphs of curious explorers. Along the way, we have discovered that stories have the power to inspire, to foster empathy, and to transport us to places we have never been.

But this is not the end of the adventure. The magic of language learning continues beyond these pages. We encourage you to explore further, to embrace new languages, and to discover the wonders that await you. Let the curiosity ignited by these tales guide you on a lifelong journey of linguistic exploration and cultural appreciation.

To our young readers, we hope you hold on to the joy of storytelling and the love for languages that this book has inspired. May the tales within these pages be a constant reminder that every word, in any language, holds the potential to create connections, foster understanding, and bring us closer together.

And so, with hearts full of gratitude and excitement, we bid you farewell, but not goodbye. Carry the spirit of "Adventures in Two Languages" with you as you venture into the world, embracing new cultures, languages, and stories along the way. The adventure continues, and we can't wait to see where your journey takes you.

Until we meet again, may the magic of bilingual storytelling always accompany you, opening doors, and shaping your understanding of the world. Farewell, and may your adventures in the Swedish language be filled with joy, wonder, and endless discovery.